Astrid Pfeffer

My English ABC in rhymes
für die 3./4. Grundschulklasse

Kopiervorlagen

Gedruckt auf umweltbewusst gefertigtem, chlorfrei gebleichtem
und alterungsbeständigem Papier.

2. Auflage 2008
Nach den seit 2006 amtlich gültigen Regelungen der Rechtschreibung
© by Brigg Pädagogik Verlag GmbH, Augsburg
Alle Rechte vorbehalten.
Das Werk und seine Teile sind urheberrechtlich geschützt. Jede Nutzung in anderen als den gesetzlich zugelassenen Fällen bedarf der vorherigen schriftlichen Einwilligung des Verlages. Hinweis zu § 52 a UrhG: Weder das Werk noch seine Teile dürfen ohne eine solche Einwilligung eingescannt und in ein Netzwerk eingestellt werden. Dies gilt auch für Intranets von Schulen und sonstigen Bildungseinrichtungen.
Satz & Layout: Agentur grafix&more, Augsburg

ISBN 978-3-87101-270-9   www.brigg-paedagogik.de

Inhalt

Was finden Sie in diesem Buch?		4
Wie können Sie mit dem Buch arbeiten?		4
A	apple	5
B	bird	6
C	car	7
D	dog	8
E	elephant	9
F	flower	10
G	girl	11
H	house	12
I	insect	13
J	jump	14
K	kite	15
L	lamp	16
M	mouse	17
N	nest	18
O	orange	19
P	pen	20
Q	queen	21
R	robot	22
S	sun	23
T	tree	24
U	umbrella	25
V	van	26
W	window	27
X	x-ray	28
Y	year	29
Z	zebra	30
Die Umsetzung im Unterricht		31

Was finden Sie in diesem Buch?

Das Buch enthält das komplette Alphabet, wobei jedem Buchstaben ein typisch englisches Wort und ein dazu passender vierzeiliger Reim zugeordnet sind.

Im Anschluss an das „ABC" finden Sie Anregungen für den Einsatz der Reime im Unterricht. Die Reime lassen sich zehn Themengebieten zuordnen, die dem bayerischen Lehrplan für Englisch in der Grundschule entsprechen, aber auch in den meisten Lehrplänen der anderen Bundesländer enthalten sind.

Die zehn Themengebiete und die ihnen zugeordneten Buchstaben sind:

Brauchtum und Feste	K und Y
Einkaufen	C
Essen und Trinken	O
Familie und Freunde	D, M und V
Freizeit	F, J und R
Haus und Wohnung	H, L und W
Körper, Kleidung, Befinden	G und X
Natur	A, B, E, I, N, S, T, U, Z
Reiseland England	Q
Schule	P

Wie können Sie mit dem Buch arbeiten?

Setzen Sie Reime entsprechend dem Thema, das Sie gerade behandeln, ein. Die Buchstabenblätter werden für die Kinder kopiert, die auf diese Weise ihr eigenes englisches „ABC"-Buch erhalten.
Die Reime können laut vorgelesen werden und prägen sich aufgrund der vielfältigen Wiederholungen leicht ein. Auch eignen sich die Reime zum Abschreiben, als kleines Diktat oder als Lückentext, bei dem die Kinder fehlende Wörter einsetzen müssen.
So können Sie beispielsweise die Anweisung geben, den Reim abzuschreiben und dabei z. B. drei Wörter auszulassen. Im Anschluss werden die Reime mit dem Nachbarn getauscht. Dieser muss nun die fehlenden Wörter einsetzen. Weitere auf den jeweiligen Buchstaben gemünzte Spiele, Übungen und Aktivitäten, die ohne Aufwand oder Zusatzmaterial durchgeführt werden können, finden Sie nach den zehn Themen geordnet auf den Seiten 31–36.

A
apple

There´s an apple, there´s an apple
on the apple-tree.
You pick it, you pick it –
not me.

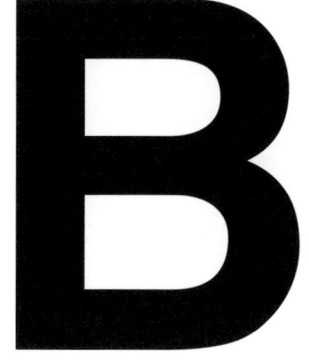

B
bird

There´s a bird, there´s a bird,
watch out – it´s shy.
Fly away, fly away,
into the sky.

C

car

There´s a car, there´s a car,
it´s big and it´s brown.
Drive off, drive off
down into town.

D

dog

There´s a dog, there´s a dog,
called Don sniffing round.
Come here, Don, come here –
look, what he´s found.

E

elephant

There´s an ele-ele-ele-elephant,
he´s so big and grey.
Come along and ride him –
all night and day.

F

flower

There´s a pretty flower,
it´s red and blue.
You´re pretty, too –
so, I´ll pick it for you.

G
girl

There´s a girl, there´s a girl
waiting for me.
Look, the dog beside her
is cute as can be.

house

There´s a house, there´s a house,
it has two windows and a door.
My friend lives there,
her name is Eleanore.

I

insect

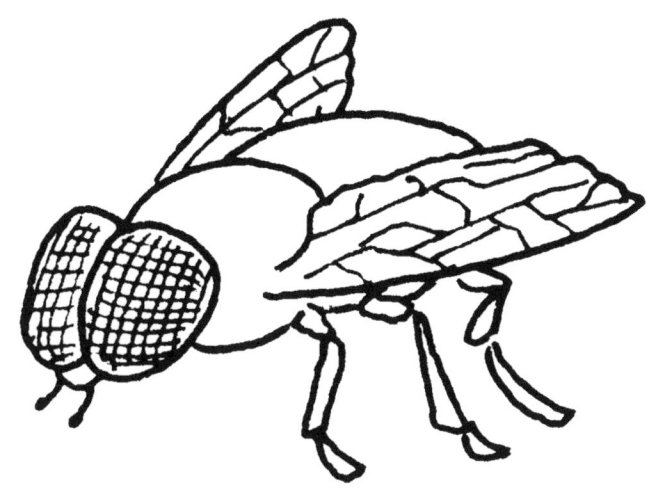

"There´s an in-in-insect,
a bee, a wasp, a fly?"
"Well, touch it, touch it!"
"No way – I´d rather die."

J

jump

What a jump, what a jump,
the girl cried out loud.
I can jump much higher,
the cat meowed.

K
kite

There´s a kite, there´s a kite,
colourful and light.
Let the wind blow it high
and wave it good-bye.

L

lamp

There´s a lamp, there´s a lamp,
its light is very bright.
So you can read your book –
if you want all night.

M

mouse

There´s a mouse, there´s a mouse,
Don, come and help.
But Don runs away
and all he does is yelp.

N
nest

There´s a nest, there´s a nest
up there in the tree.
Climb up and have a look:
how many eggs can you see?

O

orange

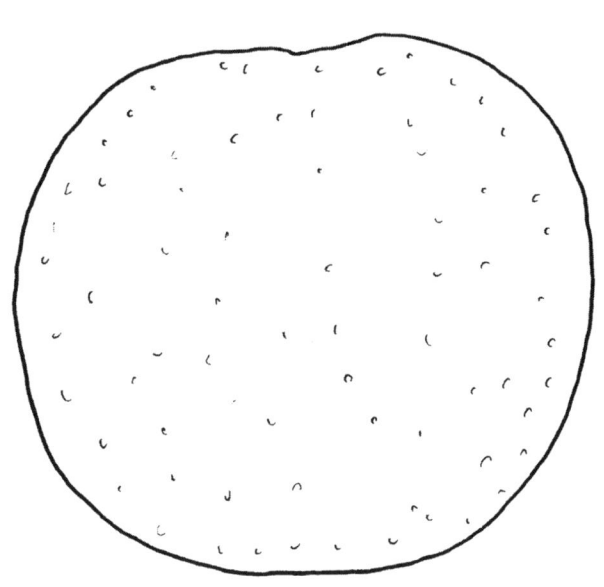

There's an o-o-orange,
let's eat it right now.
Here's a knife to cut it –
but how, but how?

P

pen

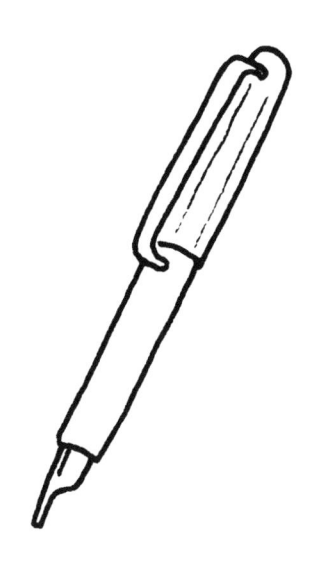

There´s a pen, there´s a pen,
but what shall I draw?
A boy or a cat?
No – my pet, the rat.

Q

queen

There´s a queen, there´s a queen,
sitting on a throne.
There´s nobody beside her,
she´s all alone.

R
robot

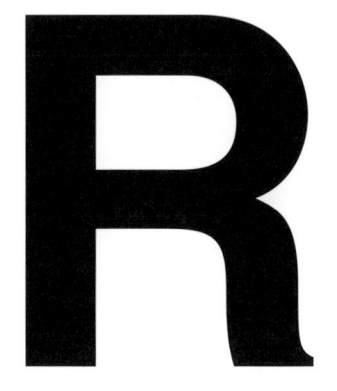

Robot, robot,
take me by the hand.
Teach me how you walk,
and show me your land.

S

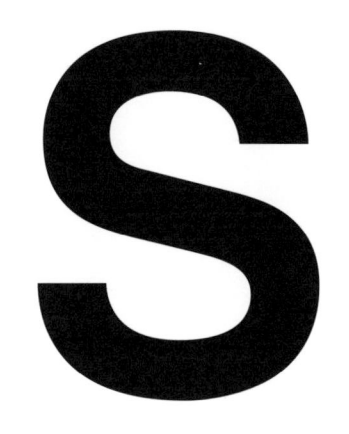

sun

There´s the sun, there´s the sun
shining down on me.
I´m lying in the grass –
not under a tree.

T
tree

There´s a tree, there´s a tree
on the hill up there.
Climb up to the top –
see if you dare.

U

umbrella

There´s an um-umbrella
keeping me dry.
I love the rain –
you can imagine why.

V
van

"There´s a van, there´s a van,
come and give it a wash."
"Okay, okay –
but please, give me some dosh."

W

window

"Look out the window –
what can you see?"
"I can see the sun
shining down on me."

X

x-ray

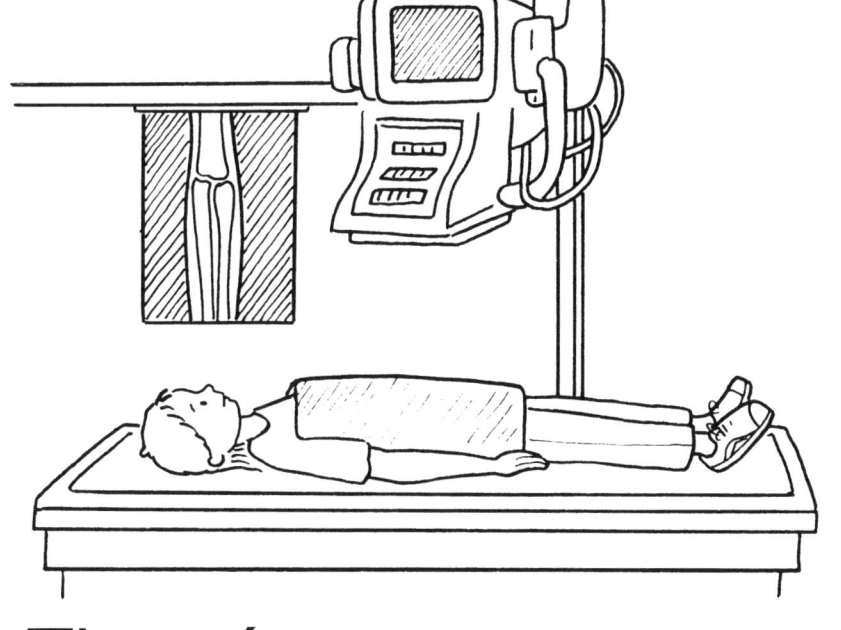

There´s an x-ray, x-ray,
showing my bones.
"Don´t they look really funny,
Dr. Stones?"

Y

year

This is one year,
believe it or not.
In winter it´s cold,
in summer it´s hot.

Z

zebra

There´s a zebra, zebra,
it´s new in the zoo.
Go ahead and feed it –
and I´ll take a photo of you.

Die Umsetzung im Unterricht

Neben den Anmerkungen zu den Reimen zu Beginn des Buches sind folgende Ideen und Übungen für die Umsetzung im Unterricht denkbar:

Thema 1: Brauchtum, Feste
Buchstabe K (S. 15)
Kurze schriftliche Übung eines Lautes:
Im Reim kommt der Laut [aɪ] mehrmals vor. Die Kinder unterstreichen die Wörter, in dem dieser Laut vorkommt: kite, light, high, good-bye.
Fachübergreifend könnte man diesen Reim zusätzlich im Sachunterricht besprechen: Die Kinder basteln zum Thema Herbst ihren eigenen Drachen.

Buchstabe Y (S. 29)
Kreisspiel
Sie besprechen zunächst mit den Kindern, welches Symbol des Jahresbildkreises für welchen Monat steht.
Kopieren Sie den Jahreskreis, schneiden Sie die Symbole aus und legen Sie sie verdeckt auf einen Tisch in der Mitte des Raums.
Die Kinder stellen sich nun in einen großen Kreis um den Tisch herum. Ein Kind dreht eines der Symbole um, sagt, was darauf zu sehen ist und welcher Monat damit gemeint ist. Alle Kinder, die in diesem Monat Geburtstag haben, kommen in die Kreismitte, während sich der Rest der Gruppe um die Kinder im Kreis bewegt und den Reim spricht.

Thema 2: Einkaufen
Buchstabe C (S. 7)
Malen und sprechen
Die Kinder malen das Auto braun an, verteilen sich anschließend im Klassenraum und fragen sich gegenseitig, welche Farbe das Auto ihrer Familie hat: z. B. „What colour is your car?" oder „What colour is your dad´s/mum´s car?" (wenn die Familie mehrere Autos besitzt). Anschließend könnte an der Tafel festgehalten werden, wie viele rote/blaue/schwarze etc. Autos es in der Klasse gibt.

Thema 3: Essen und Trinken
Buchstabe O (S. 19)
Wörtliche Umsetzung des Reims
Nachdem die Kinder die Orange und das Messer angemalt haben, könnten sie zusammen einen Obstsalat machen. Dabei könnten die Kinder den Reim verändern, je nachdem, was sie gerade schneiden müssen (there´s a ki-ki-kiwi oder there´s an a-a-apple etc.).

Thema 4: Familie und Freunde
Buchstabe D (S. 8)
Vokabelspiel

Der Reim wird spielerisch umgesetzt. Sie verteilen verschiedene Wortkarten im Raum mit Wörtern, die die Kinder bereits kennen. Ein Kind spielt den Hund Don. Es läuft im Klassenzimmer umher, die anderen Kinder sprechen den Reim, „Don" erschnüffelt eine Wortkarte und bringt sie einem Kind. Dieses versucht nun, das Wort auf der Karte richtig zu lesen. Es darf daraufhin den Hund „Don" spielen. Man könnte so viele Wortkarten im Raum verteilen, dass jedes Kind einmal lesen darf.

(-> Verwenden Sie unseren Lernkarteikasten mit allen Wörtern, die der Lehrplan als verpflichtend vorschreibt!)

Buchstabe M (S. 17)
Wörter mit M, ganze Sätze bilden

Die Kinder lernen weitere Wörter mit M, die zum Thema Familie und Freunde passen, und üben diese schriftlich, z. B. Mum, mother, me, my, many.
Zu jedem der Wörter könnten passende Sätze gebildet werden, z. B. „This is my mother." „My mum is nice." „I have many friends." etc.

Buchstabe V (S. 26)
Malen und spielen

Die Kinder malen den Lieferwagen bunt an.
Sie könnten den Reim auch spielerisch umsetzen. Die Kinder bringen ein Spielzeugauto/Lieferwagen/Spielzeugfahrrad etc. und ein bisschen Spielzeuggeld mit und spielen den Dialog, z. B. „there´s a green car, there´s a green car … oder there´s a pink bike, there´s a pink bike" …

Thema 5: Freizeit
Buchstabe F (S. 10)
Kreisspiel

Jedes Kind malt eine große Blume und schneidet sie aus. Die Kinder bilden einen Kreis. Im Kreis ist die Blumenwiese, dort legen die Kinder ihre bunten Blumen ab. Ein Kind bekommt die Augen verbunden, stellt sich in den Kreis und dreht sich ein paar Mal, während alle Kinder zusammen den Reim aufsagen. Dann bleibt das Kind stehen, bückt sich, um eine Papierblume zu finden. Mit der Blume läuft es langsam bis an den Rand des Kreises, bis es vor einem Kind zum Stehen kommt. Dieses Kind bekommt nun die „gepflückte" Blume und darf als Nächstes in den Kreis. Dabei wird der Reim gesprochen.

Buchstabe J (S. 14)

Bewegungsreim

Die Kinder sagen den Reim auf und machen Bewegungen dazu:

„What a jump": Die Kinder hüpfen von ihren Stühlen hoch.

„The girl cried out loud": Die Kinder halten ihre Hand an den Mund – wie ein Megaphon.

„I can jump much higher": Die Kinder springen nochmals in die Höhe.

„The cat meowed": Die Kinder ahmen eine Katze nach, sie zeigen die Krallen.

Buchstabe R (S. 22)

Spiel – Kinder wollen mit Robotern auf einen fremden Planeten fliegen, Polizisten versuchen diese Kinder davon abzuhalten

| robot | policeman |

Sie teilen den Raum in zwei Hälften. Auf der einen Seite stehen einige Kinder, die die Roboter suchen. Auf der anderen Seite stehen Kinder, die entweder eine „robot card" oder eine „police card" haben (die Karten haben Sie vorher an diese Kinder verteilt und sind für die suchenden Kinder auf der anderen Raumseite **nicht** sichtbar. Die Kinder wissen also nicht, wer Polizist und wer Roboter ist). Die Roboter haben in einer Klassenecke ihren Planeten, die Polizisten in einer anderen Ecke ihr Gefängnis.

Nun darf eines der suchenden Kinder an die Mitte herankommen und ein Kind auf der anderen Seite ansprechen, indem es den Spruch aufsagt. Hat es Glück und einen „robot" erwischt, nimmt der „robot" das Kind an die Hand und führt es im Roboterschritt zu seinem Planeten. Trifft das Kind jedoch auf einen Polizisten, darf dieser das Kind „festnehmen" und ins Gefängnis führen. Wer die meisten Kinder auf seinem Planeten bzw. im Gefängnis hat, ist das Gewinnerteam.

Wenn Sie viel Platz haben und das Spiel in der Turnhalle spielen möchten, können Sie noch zusätzlich die Regel einführen, dass die Kinder „nach Hause" laufen dürfen, wenn sie merken, dass sie einen Polizisten erwischt haben.

Schaffen sie es bis ins Haus – dessen Umrisse Sie vorher bestimmt haben – darf der Polizist das Kind nicht mehr gefangen nehmen.

Thema 6: Haus und Wohnung

Buchstabe H (S. 12)

Malen und erzählen

Die Kinder malen ihr eigenes Haus und beschreiben es sich gegenseitig: „Our house has eight windows and a blue door, a big garden, a long chimney ..."

Buchstabe L (S. 16)

Kurze Übung zweier Laute [ɪ] [aɪ]

Die Kinder unterstreichen alle i-Laute. „Zwei ‚i´s' haben sich versteckt, wo sind sie? Welche ‚i's' werden gleich ausgesprochen?" Die Kinder teilen die Wörter in zwei Gruppen:

its, if, is   light, bright, night

Buchstabe W (S. 27)

Spielerisches Umsetzen des Reims und Wiederholen bereits bekannter Wörter

Schneiden Sie aus einem Stück Pappe einen „Fensterrahmen". Ein Kind kommt nach vorne. Es darf den „Fensterrahmen" in die Hand nehmen und macht die Augen zu. Ein anderes Kind kommt vor mit einem Gegenstand (z. B. einem Füller) und hält ihn „wedelnd" vor das „Fenster" und sagt: „Look out the window – what can you see?" – Das Kind öffnet die Augen und antwortet: „A pen, a pen waving at me."

(„Shining down on me" geht in diesem Fall nicht, daher ändern wir den letzten Satz ab, und das Kind mit dem Gegenstand darf diesen ein wenig hin- und herwedeln lassen).

Thema 7: Körper, Kleidung, Befinden

Buchstabe G (S. 11)

Malen, beschreiben und spielen

Die Kinder malen das Bild aus. Sie beschreiben, was das Mädchen anhat, z. B.: „she´s wearing jeans, a pullover, shoes" ...

Jedes Kind könnte ein Stofftier seiner Wahl mitbringen und damit den Reim in Szene setzen, z. B. „There´s Vanessa, there´s Vanessa waiting for me. Look the rabbit beside her is cute as can be." (Die Namen der jeweiligen Kinder und die Tiere ersetzen „a girl" und „the dog" im Originalreim). Dann beschreiben die Kinder die Kleidung von – in diesem Beispiel – Vanessa.

Buchstabe X (S. 28)
Malen und Übung des Lautes [əʊ]
Die Kinder malen das Bild aus.
Im Reim kommen die zwei Wörter „bone" und „stone" vor.
Schreiben Sie folgende Wörter an die Tafel:
Pullover, shoulder, sock, on, toe, off, shop, coat, show, hot, long, doctor, okay, cold, so.
Erarbeiten Sie zusammen mit den Kindern, welche Wörter alle den gleichen o-Laut wie in stone und bone [əʊ] enthalten (pullover, shoulder, toe, coat, show, okay, cold, so, bone, stone).

Thema 8: Natur

Buchstabe A (S. 5)
Spielen (und Turnen)
Wenn Sie die Turnhalle mit einem Klettergerüst zur Verfügung hätten, wäre das für dieses Spiel perfekt! Kopieren Sie den Apfel mehrmals und schneiden Sie die Äpfel aus (pro Kind ein Apfel). Hängen Sie die Papieräpfel mit Klebeband oben an das Klettergerüst. Das Klettergerüst ist jetzt der Apfelbaum. Die Kinder sitzen um den „Apfelbaum" herum. Sie zählen anhand des A-Reims aus, welches Kind als erstes den Apfelbaum erklimmen darf, um sich einen Apfel zu holen. Danach darf das Kind den Abzählreim aufsagen und somit bestimmen, wer sich den nächsten Apfel holt. Das Spiel dauert so lange, bis alle Äpfel gepflückt sind.
Wenn Sie kein Klettergerüst zur Verfügung haben, könnten Sie die Äpfel auch einfach im Raum verteilen. Das ist zwar nicht ganz so spannend, wie am Gerüst hochzuklettern, erfüllt aber auch seinen Zweck.

Buchstabe B (S. 6)
Basteln und spielen
Die Kinder basteln sich aus einem Blatt Papier einen Papierflieger („bird") und malen ihn an. Anschließend stellen sich die Kinder in einer Reihe auf. Alle sprechen zusammen den Spruch und lassen ihren „bird" fliegen. Der Flieger, der am weitesten geflogen ist, hat gewonnen. Wenn zu viele Kinder am Start sind, lassen Sie die Flieger einfach nacheinander starten. Dann gibt es keine Zusammenstöße.

Buchstabe E (S. 9), Buchstabe I (S. 13), Buchstabe N (S. 18), Buchstabe S (S. 23)
Buchstabe T (S. 24), Buchstabe U (S. 25), Buchstabe Z (S. 30)

Reime werden gleichzeitig inszeniert

Kopieren Sie die Buchstabensymbole und verteilen Sie sie im Raum. Die Kinder suchen sich in kleinen Gruppen (Anzahl der Kinder, die für jeden Reim benötigt werden, steht dabei) ein Symbol/Reim aus. Die Kinder versuchen nun, den Reim zu dem jeweiligen Buchstaben zu inszenieren (z. B. ein Kind spielt den Elefanten, ein anderes Kind reitet auf seinem Rücken usw.). Jede Gruppe führt der Klasse den Reim und die kleine Szene vor.

Anzahl der Kinder für die jeweiligen Reime:

A apple: 2–3
B bird: 3
E elephant: 2–3
I insect: 3–5
N nest: 2–3
S sun: 2
T tree: 2–3
U umbrella: 2
Z zebra: 3

Thema 9: Reiseland England

Buchstabe Q (S. 21)

Malen und andere Wörter mit Q

Die Kinder malen das Bild aus.
Sie üben mit den Kindern noch andere Wörter, die ebenfalls mit Q beginnen: quick, quiet, question, quiz, quite, queue.

Thema 10: Schule

Buchstabe P (S. 20)

Malen

Die Kinder ergänzen das Bild und malen eventuell noch einen Jungen, eine Katze und eine Ratte dazu oder sie verändern den Reim und ergänzen zum Schluss ihr eigenes Haustier oder Wunschhaustier, wenn sie keines haben.

BRIGG Pädagogik VERLAG

Der neue Pädagogik-Fachverlag für Lehrer/-innen
Pfiffige Unterrichtsideen für Englisch und Deutsch!

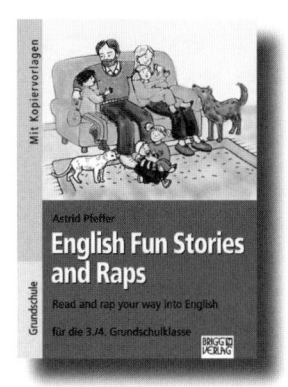

Astrid Pfeffer
English Fun Stories and Raps
Read and rap your way into English
Mit Audio-CD
48 S., DIN A4,
mit Kopiervorlagen
Best.-Nr. 271

Zehn Geschichten und 14 Raps, mit denen das Englischlernen richtig Spaß macht! Die Geschichten entsprechen den Lehrplanthemen und sind in der Form eines Minibuches aufgebaut. So erhalten die Kinder nach und nach eine kleine Englisch-Bibliothek. Hervorragend geeignet zum lauten Vorlesen, Abschreiben und Nachspielen. Die rhythmisch gesprochenen Dialoge helfen beim Einprägen typischer englischer Ausdrücke und Sätze. Die Geschichten und Raps werden auf der Audio-CD mitgeliefert.

Nina Hellwig
Mit Montessori Legasthenie behandeln
Montessori-Pädagogik für die Arbeit mit legasthenen Kindern
72 S., DIN A4,
mit Kopiervorlagen
Best.-Nr. 266

In diesem Praxisbuch erfahren Sie von einer erfahrenen Legasthenietrainerin, wie Montessori-Materialien LRS-Kinder dabei unterstützen, das Lesen und Schreiben als positiv zu erfahren. Viele praktische Übungen zum Lernen mit allen Sinnen machen die Schüler/-innen sicherer im Schreiben und vermitteln ihnen hilfreiche Strategien zur Fehlervermeidung. Mit einem wichtigen Kapitel zu den Aufgaben eines Legasthenietrainers.

Franz Xaver Riedl / Alfons Schweiggert
Bilder lesen, Texte schreiben
Bildergeschichten zum kreativen Schreiben
3./4. Klasse
88 S., DIN A4,
mit Kopiervorlagen
Best.-Nr. 265

Vom genauen Betrachten zur kreativen Schreibleistung! Das Lesen von Bildern und Fotos regt die Kinder zur Selbsttätigkeit an und schult die Fähigkeit des sicheren Beurteilens. Die Arbeitsblätter wecken die Erzähllust und lassen in Einzel-, Gruppenarbeit oder im Klassenverband individuelle Schreibideen entstehen. Die Themen sind je nach Leistungsstand unabhängig einsetzbar.

Harald Watzke / Peter Seuffert / Oswald Watzke
Sagen in der Grundschule
Anregungen für die Praxis in der 3. und 4. Klasse
104 S., DIN A4,
mit Kopiervorlagen
Best.-Nr. 278

In 28 illustrierten Sagentexten begegnen die Kinder berühmten Sagengestalten wie z. B. dem Klabautermann, Rübezahl oder den Heinzelmännchen und entdecken magische Sagenorte. Mit Neuansätzen eines handlungs- und produktionsorientierten Textumgangs, Anregungen zum Vorlesen, zum Selberschreiben und zum Inszenieren von Sagen. Ohne großen Aufwand direkt im Unterricht einsetzbar!

Bestellcoupon

Ja, bitte senden Sie mir/uns mit Rechnung

_____ Expl. Best-Nr. _____
_____ Expl. Best-Nr. _____
_____ Expl. Best-Nr. _____
_____ Expl. Best-Nr. _____

Meine Anschrift lautet:

Name / Vorname
Straße
PLZ / Ort
E-Mail
Datum/Unterschrift   Telefon (für Rückfragen)

Bitte kopieren und einsenden/faxen an:

**Brigg Pädagogik Verlag GmbH
zu Hd. Herrn Franz-Josef Büchler
Zusamstr. 5
86165 Augsburg**

☐ Ja, bitte schicken Sie mir Ihren Gesamtkatalog zu.

Bequem bestellen per Telefon/Fax:
Tel.: 0821/45 54 94-17
Fax: 0821/45 54 94-19
Online: www.brigg-paedagogik.de

BRIGG Pädagogik VERLAG
Der neue Pädagogik-Fachverlag für Lehrer/-innen
Kopiervorlagen und Materialien für den Deutschunterricht!

Jörg Krampe / Rolf Mittelmann
Lesestart 1
Spielend vom Buchstaben zum Wortverständnis
86 S., DIN A4,
40 Kopiervorlagen mit Lösungen
Best.-Nr. 256

Lesestart 2
Spielend vom Wort zum Satzverständnis
88 S., DIN A4,
40 Kopiervorlagen mit Lösungen
Best.-Nr. 257

Spielerisch, handlungsorientiert, nachhaltig wirksam: Die Bände enthalten je 40 Lesespiele zum Erlesen und Verstehen sinnvoller Wörter und Sätze. Die Spiele sind so angelegt, dass von Anfang an eine Selbstkontrolle möglich ist. Dadurch eignen sie sich unabhängig von jedem Leselehrgang nicht nur für den normalen Unterricht, etwa für innere Differenzierung in Übungsphasen, sondern besonders auch für den Förderunterricht, die Wochenplanarbeit, zum selbstständigen Lesetraining und in Vertretungsstunden. Sehr gut einsetzbar auch für die Förderung entwicklungsbenachteiligter Kinder.

Kopiervorlagen mit Lösungen zur Selbstkontrolle!

Magret Pinter
Die deutsche Grammatik
Grundbausteine für differenzierten Deutschunterricht

Band 1
208 S., DIN A4,
Kopiervorlagen mit Lösungen
Best.-Nr. 267
Tunwort / Verb, Namenwort / Nomen, Wiewort / Adjektiv, Einzahl und Mehrzahl, Fürwort / Pronomen

Band 2
232 S., DIN A4,
Kopiervorlagen mit Lösungen
Best.-Nr. 268
Die Zeiten, Nominativ und Genitiv, Dativ, Akkusativ, Satzarten

Das gesamte Grammatikwissen für die Grundschule!

Dieses Werk umfasst das grammatikalische Basiswissen der Grundschule. Sprachstrukturen werden durch die klare, leicht verständliche Darstellung Schritt für Schritt aufgebaut und mittels vielfältiger Übungen gefestigt. Dank hoher Differenzierung besonders für Kinder mit nichtdeutscher Muttersprache und mit sonderpädagogischem Förderbedarf sehr gut geeignet. Die Arbeitsblätter ermöglichen auch offene Lernformen und Freiarbeit.

Bestellcoupon

Ja, bitte senden Sie mir / uns mit Rechnung

_____ Expl. Best-Nr. _____

_____ Expl. Best-Nr. _____

_____ Expl. Best-Nr. _____

_____ Expl. Best-Nr. _____

Meine Anschrift lautet:

Name / Vorname

Straße

PLZ / Ort

E-Mail

Datum/Unterschrift   Telefon (für Rückfragen)

Bitte kopieren und einsenden/faxen an:

Brigg Pädagogik Verlag GmbH
zu Hd. Herrn Franz-Josef Büchler
Zusamstr. 5
86165 Augsburg

☐ Ja, bitte schicken Sie mir Ihren Gesamtkatalog zu.

Bequem bestellen per Telefon / Fax:
Tel.: 0821 / 45 54 94-17
Fax: 0821 / 45 54 94-19
Online: www.brigg-paedagogik.de